AF261570

APERÇU

SUR LES

DOTATIONS PRINCIÈRES

et leur inhérence

A LA MONARCHIE CONSTITUTIONNELLE.

ARRAS. — IMPRIMERIE D'AUG. TIERNY,

Rue Ernestale, n.° 292.

APERÇU

SUR LES

DOTATIONS PRINCIÈRES

et leur inhérence

A LA MONARCHIE CONSTITUTIONNELLE.

PAR PERRIN-PAVIOT.

PARIS,

Au Comptoir des Imprimeurs-Unis, Quai Malaquais, 15.

—

JANVIER 1845.

Le 1ᵉʳ juillet 1844, on a lu dans le *Moniteur
universel*, sans commentaires et sans avant-propos,
l'article qui suit. Nous le reproduisons, afin de faire
bien connaître le terrain sur lequel se trouve portée
la discussion des dotations princières par l'État.
Dans le *Moniteur*, le Gouvernement ne discute pas;
il laisse ce soin à la presse et au pays; il se contente
de dire, comme l'a fait entendre du haut de la
tribune nationale une voix éloquente et grave, qui,
depuis bientôt cinq années, s'est acquis une gloire
immortelle à la tête des affaires extérieures de la
France : « Nous faisons un appel à la publicité, à la

» discussion, au bon sens du pays, à son équité, à
» son impartialité. » (*)

Ainsi s'est exprimé le *Moniteur* :

On a beaucoup parlé de la question de la dotation de la famille royale ; elle n'a jamais été discutée.

De là tant et de si graves erreurs répandues à ce sujet dans le public.

Ces erreurs ont été, soit inventées, soit accréditées et propagées par les factions ennemies du Trône que la Révolution de 1830 a fondé.

Un grand mal politique en est résulté. Non-seulement le Roi et la famille royale ont subi une injustice ; mais le Roi a été indignement calomnié ; sa situation, ses intentions ont été représentées au pays sous le jour le plus faux, à l'aide des plus insidieux mensonges et dans les plus coupables desseins.

C'est une nécessité et un devoir de détruire ce travail des factions ennemies, de rétablir, sur cette grave question, la vérité des droits et des faits, et d'éclairer les hommes honnêtes et sincères, déplorablement abusés.

En droit, la question est maintenant régie par l'art. 21 de la loi du 2 mars 1832, qui a réglé la liste civile du présent règne, et qui porte :

« En cas d'insuffisance du domaine privé, les dotations
» des fils puînés du Roi et des princesses, ses filles, seront
» réglées ultérieurement par des lois spéciales. »

Avant cette loi, et au moment où la Révolution de 1830 s'accomplit, le chef de la maison d'Orléans était en possession de tout ce qui était resté de l'ancien apanage de sa maison, en vertu de l'art. 4 de la loi du 15 janvier 1825, ainsi conçu :

« Les biens restitués à la branche d'Orléans, en exécution

(*) Chambre des Députés ; séance du 2 juillet 1844. *Discours de M. Guizot.*

» des ordonnances royales des 18 et 20 mai, 7 octobre et 17
» novembre 1814, et provenant de l'apanage constitué à
» Monsieur, frère du roi Louis XIV, pour lui et sa descen-
» dance masculine, continueront à être possédés, aux mêmes
» titres et conditions, par le chef de la branche d'Orléans,
» jusqu'à l'extinction de sa descendance mâle, auquel cas ils
» feront retour au domaine de l'État. »

Parmi les conditions ainsi attachées, en vertu de l'ancien droit public, des précédens et de la loi de 1825, à la possession de l'apanage d'Orléans, étaient spécialement les trois suivantes :

1.º Le prince apanagiste devait une légitime aux princes, ses fils et frères, et une dot aux princesses, ses filles et sœurs;

2.º Si le prince apanagiste arrivait au Trône, son apanage était réuni de plein droit au domaine de la Couronne, qui, avant 1791, n'était point distinct du domaine de l'État;

3.º Au moment où elle s'accomplissait, cette réunion ouvrait aux princes de la branche apanagée, qu'elle privait de leur droit éventuel à la succession de l'apanage, un droit de revendiquer, pour eux-mêmes, sur le domaine de la Couronne, un apanage spécial, transmissible, aux mêmes titres et conditions, à leur lignée masculine.

La loi du 15 janvier 1825 a formellement maintenu ces conditions et ces droits.

La Révolution de 1830 en a amené l'application. En vertu de l'avènement du Roi au Trône, et par l'art. 4 de la loi du 2 mars 1832, l'apanage d'Orléans a été réuni au domaine de la Couronne. Les princes, fils puînés du Roi, se sont trouvés ainsi privés du droit de succession éventuel que leur assurait l'art. 4 de la loi du 15 janvier 1825. Dès-lors, et en vertu des lois écrites comme de l'équité, s'est ouvert pour eux le droit à une compensation.

C'est ce droit qu'a reconnu et consacré l'art. 21 de la loi du 2 mars 1832, en disant : « Les dotations des fils puînés

» du Roi et des princesses, ses filles, seront réglées ulté-
» rieurement par des lois spéciales. »

C'était en ces termes seulement qu'était rédigé l'art. 20 du projet de loi sur la liste civile, présenté à la Chambre des Députés, le 3 octobre 1831, par M. Casimir Périer.

Mais, par suite d'un amendement adopté par les Chambres et sanctionné par le Roi, cet article, devenu l'art. 21 de la loi du 2 mars 1832, porta définitivement :

« *En cas d'insuffisance du domaine privé,* les dotations » des fils puînés du Roi et des princesses, ses filles, seront » réglées ultérieurement par des lois spéciales. »

Ainsi, pour ouvrir le droit des fils puînés du Roi et des princesses, ses filles, à des dotations réglées par des lois spéciales, la loi exige que le domaine privé soit insuffisant pour y pourvoir. Mais, si cette insuffisance existe, le droit existe aussi ; les dotations sont dues et doivent être réglées par des lois spéciales.

Tel est le droit dans cette question, le droit formellement établi et consacré par les anciens principes de Monarchie, par la loi du 15 janvier 1825 et par celle du 2 mars 1832.

Il n'y a donc, quand la question s'élève, qu'un point de fait à examiner : « Le domaine privé du Roi est-il insuffisant » pour pourvoir aux dotations ? »

L'examen attentif de ce point de fait ne peut laisser aucun doute à cet égard.

Comme duc d'Orléans et avant son avènement au Trône, le Roi a trouvé dans la succession paternelle 31 millions de dettes inscrites et admises par les tribunaux, et moins de 16 millions de valeurs. Ce n'est qu'en y consacrant une partie des revenus insaisissables de ses biens apanagers qu'il a pu, dans un intervalle de douze ou treize ans, accomplir une liquidation qui impose encore aujourd'hui des charges à son domaine privé.

La totalité des sommes que le Roi, comme duc d'Orléans, a reçues en indemnité (5 millions), en vertu de la loi du

27 avril 1825, a été absorbée par l'achèvement et l'embellissement du Palais-Royal, incorporé maintenant, comme faisant partie de l'ancien apanage, dans le domaine de la Couronne.

Et pourtant, sans parler des charges de la Royauté auxquelles il est pourvu par la liste civile, les charges imposées au Roi pour l'entretien de la famille royale, se sont accrues et s'accroissent de jour en jour.

Il y a plus d'un siècle, lorsque le duc d'Orléans, trisaïeul du Roi, fut investi, pendant la minorité de son neveu, le roi Louis XV, de la régence du Royaume, non-seulement ce prince se refusa constamment à puiser dans les revenus de l'État, trouvant que sa fortune personnelle et son apanage lui permettaient de ne pas y recourir, mais il fit construire à ses frais, pendant la régence, les canaux d'Orléans et de Loing, et contracta, pour accomplir ce grand travail, des dettes considérables.

C'est le Roi qui, en qualité de duc d'Orléans et d'héritier du régent, a liquidé, depuis son retour en France, en 1814, la dernière partie de ces dettes; et pour faire face aux dépenses de sa Couronne et de sa famille, que sa liste civile et son domaine privé réunis ne suffisaient pas à couvrir, le Roi a été obligé, il y a quelques années, d'engager à la caisse des dépôts et consignations les débris qui lui sont revenus de la propriété de ces mêmes canaux créés par le duc d'Orléans, régent, à ses frais.

Aucune prodigalité personnelle ne porte dans l'administration, soit de la liste civile, soit du domaine privé du Roi, aucun désordre.

S. A. R. Mme la princesse Adelaïde, sœur du Roi, lui a donné et lui donne tous les jours des marques d'un dévoûment et d'une générosité presque sans exemple au sein même des familles unies par l'intimité la plus tendre.

Cependant, pour suffire aux charges qui lui sont imposées

comme Roi et comme père, le Roi s'est vu et se voit forcé de contracter des dettes de jour en jour croissantes, qui grèvent son domaine privé, jusqu'à présent unique patrimoine des princes, ses fils puînés, et des princesses, ses filles.

Un tel état de choses est contraire aux principes de la justice, aux conseils de la politique, à la dignité du pays comme à celle de la Couronne.

En droit strict, et aux termes de nos lois, des dotations sont dues aux princes puînés et aux princesses de la famille royale, car le domaine privé est insuffisant pour y pourvoir.

L'équité est blessée que les fils puînés et les filles du Roi soient, à raison même de son avènement au Trône, privés des droits qui leur eussent appartenu si le Roi fût resté duc d'Orléans, et que ce qui fait, par l'élévation de leurs aînés, la grandeur de leur maison, porte à la situation des branches cadettes une aussi grave atteinte.

C'est le conseil d'une politique prévoyante, et l'intérêt permanent de l'État, que la famille royale tout entière soit fortement constituée, et que les branches cadettes soient constamment maintenues au niveau du rang qu'elles occupent autour de ce Trône qu'elles doivent soutenir, et sur lequel un droit éventuel leur est attribué.

Enfin, l'honneur du pays et du Trône veut que les calomnies propagées par leurs ennemis communs reçoivent un solennel démenti.

Pour que cette grave question puisse être convenablement soumise à l'examen des Chambres, il faut d'abord que les bons citoyens, les hommes justes et sensés, soient éclairés sur la vérité des choses, et concourent eux-mêmes à dissiper ce nuage d'erreurs grossières et de mensonges perfides, amassés avec tant de soin pour obscurcir, aux yeux du pays, les droits et les faits. On disait souvent en France : « Si le Roi le savait ! » Le Gouvernement du Roi dit aujourd'hui : « Que la France le sache ! » La France ne voudra pas que la famille royale ne conserve pas, sous notre Monarchie constitutionnelle, les droits et la situation qui étaient légalement garantis à la famille du duc d'Orléans.

Après avoir lu ces lignes, une seule pensée ne se présente-t-elle pas à l'esprit de l'homme impartial? — A qui s'adressent-elles? — A qui répondent-elles? — Qui interpellent-elles?...

S'adresseraient-elles aux républicains?... Mais ceux-ci repoussent la Royauté; ne veulent, par conséquent, pas de rois, pas de listes civiles, pas d'apanages. Combattant le principe de la Monarchie héréditaire, à plus forte raison doivent-ils en combattre les conséquences naturelles et logiques. La discussion avec les partisans du gouvernement démocratique serait donc dérisoire. Ce serait bénévolement accepter ou proposer la lutte dans une impasse. Sans fin et sans issue possible, toute polémique au point de vue monarchique-héréditaire ne peut avoir lieu avec les adhérens à la souveraineté absolue du peuple. Ce n'est donc pas à leurs convictions que le *Moniteur* a fait un appel.

Serait-ce aux partisans de M. le duc de Bordeaux? — Cela est encore moins probable; car nous savons tout ce que ces *bons Français* réclameraient si leur coryphée était sur le trône. Leur passé parle assez haut pour nous faire présager de l'avenir qui nous serait réservé. Les listes civiles de Louis XVIII et de Charles X, et les dotations des princes, ses enfans, ne seraient pas trop élevées pour le roi qui nous ramènerait les petits-fils des courtisans de Versailles. Les légitimistes n'admettent le principe des dotations princières par l'État que pour eux et les leurs; ils ont en haine les personnes et refuseront toujours aux uns, ce qu'ils accorderaient avec empressement aux autres.

Le *Moniteur* s'adresserait-il à l'opposition dynastique? — Pas davantage! Depuis quatorze ans, l'opposition a quelquefois parlé de son amour pour la Royauté et pour le Roi; mais depuis quatorze ans, l'attachement de l'opposition n'a jamais dépassé de rares et froides paroles; vis-à-vis de la Royauté, ses actes ont toujours été l'expression de l'envie et de la haine. Depuis quatorze ans, l'opposition n'a rien fait pour empêcher la calomnie de se répandre et gagner du terrain; pour s'opposer à ce que le mensonge remplace la vérité. Depuis quatorze ans, tous les votes de l'opposition, dans lesquels la Dynastie a été personnellement engagée, ont démenti les assurances d'amour qu'elle s'efforçait de donner au principe monarchique par ses paroles.

Non! ce n'est pas aux radicaux, aux légitimistes, aux membres de l'opposition que s'adresse le Gouvernement; car pour tous ceux-là, leur parti est pris, leur opinion est arrêtée, leur avis est formulé d'avance : ils voileront la vérité, ils nieront l'évidence, ils mentiront, s'il le faut, pour faire triompher leurs idées, quels que soient le trouble et les désastres qu'elles puissent entraîner après elles. Non! ce n'est à aucun des partis opposans que le Gouvernement a fait appel; il sait très-bien que parmi eux, la Monarchie héréditaire et constitutionnelle n'a point d'écho : c'est l'avis de la France qu'il demande, c'est elle qu'il interpelle, c'est elle qui doit répondre. Or, comme la France a des pouvoirs publics qui parlent en son nom, c'est donc à la Chambre des Pairs et à la Chambre des Députés à résoudre la question portée aujourd'hui devant le pays.

Mais les deux grands pouvoirs de l'État, représentans légaux de la patrie, se divisent eux-mêmes pour faire la loi en majorité et en minorité. Le parti conservateur, aujourd'hui la majorité, absorbe, par le résultat des votes, la minorité, ou parti de l'opposition (*) ; le parti conservateur représente donc, en définitive, les électeurs et la France entière. Ce serait donc aux conservateurs seuls que devraient s'adresser nos réflexions ; ce serait donc avec nos dissidens seuls que nous devrions discuter ; ce ne seraient donc que les hommes monarchiques de 1830, et qui soutiennent, de leur influence dans le pays et de leurs votes dans les Chambres, la politique pacifiquement progressive qui nous régit depuis quinze ans, qui devraient prendre part au débat : eux seuls, du moins, y apporteraient, sans suspicion, l'esprit d'impartialité et de justice qui honore une discussion et dont la vérité doit sortir

---

(*) Bien entendu que nous comprenons dans le parti conservateur de la Monarchie héréditaire et constitutionnelle, tous les hommes honorables qui ont contribué dans les Chambres, et par leur haute raison et par leur vote, à l'adoption de la loi de Régence.

triomphante. Mais la question des dotations prin-cières par l'État est trop élevée, et par elle-même et par le principe d'où elle découle ; le succès doit trop certainement être notre partage, pour que nous formulions la moindre exclusion contre au-cune personne ou aucun parti. Pour que la solution de cette conséquence naturelle de l'existence de la Monarchie héréditaire et constitutionnelle soit dé-finitivement admise dans notre droit politique, pour qu'elle y soit admise sans retour, accueillons dans le débat tous les adversaires qu'elle peut ren-contrer ; discutons avec eux et ne leur demandons, pour être sûr et persuadé de triompher, que de rester sur le terrain monarchique, et, sur leur drapeau, l'inscription de : *Conscience, loyauté, bonne foi.*

Déclarons aussi et avant d'aller plus loin, que nous n'avons pas l'intention de discuter la question des dotations princières par l'État, au point de vue d'une question d'économie domestique. Ce serait l'amoindrir, la rapetisser, lui faire perdre la plus grande partie de sa haute valeur. La question de la dotation des membres de la famille royale est une question de principe, une question d'État, une question fondamentale ; car tout se tient dans un système politique : il faut qu'il soit complet pour être durable ; il faut qu'il soit complet pour être à l'abri des atteintes et des efforts des factions ; il faut qu'il soit complet pour reposer sur des bases solides et inébranlables.

Ceci réservé, poursuivons !

I

De l'inhérence des dotations princières à la Monarchie

constitutionnelle.

—

Dans tous les gouvernemens absolus et de droit divin, le chef de l'État puise dans le Trésor public les sommes qu'il juge nécessaires à la représentation, à la splendeur de la haute dignité dont sa naissance l'a revêtu. Cette somme, personne ne la connaît, personne ne la discute, personne ne la contrôle; elle diminue ou elle augmente suivant son bon plaisir, suivant les grâces (comme on disait jadis) qu'il lui plaît accorder à ses favoris, à ses serviteurs, à ses maîtresses. La famille des rois absolus est apanagée et dotée avec les fonds du Trésor, et cela sans fixation, sans limites, sans autres bornes que celles que le souverain juge à propos de s'imposer; sans autres bornes que celles auxquelles il lui convient assujétir ses caprices et ses volontés.

Les grands abus entraînés par ce mode de gouverner ont cessé, en France, en 1789.

Mais si l'Assemblée-Constituante, dont nous avons voulu et dont nous avons couronné l'œuvre en 1830, a aboli la *monarchie absolue,* n'oublions pas qu'elle a fondé la MONARCHIE CONSTITUTIONNELLE-REPRÉSENTATIVE. L'Assemblée-Constituante, appréciant l'importance du grand principe qu'elle consacrait, n'a pas voulu que la splendeur du *trône constitutionnel* eût rien à envier à aucun trône du monde; aussi vota-t-elle par acclamation une liste civile de 25 millions pour le roi et des dotations pour les princes de la famille royale (*). Qu'était pourtant la France alors? Une nation de 24 millions d'habitans, sans finances, sans crédit, sans industrie et obérée par une dette dont elle ne payait depuis longtems ni les intérêts, ni les arrérages. — Au-

---

(*) **Loi du 1er juin 1791.** — **Par** diverses dispositions de 90 et 91, l'Assemblée-Constituante déclare que les fils puînés du roi seront entretenus par la liste civile jusqu'à l'époque de leur mariage ou de leur majorité. Alors, il leur sera assigné des rentes apanagéres dont la quotité sera déterminée par la législature en activité.

jourd'hui, la population de la France dépasse 34 millions d'âmes; son crédit est sans bornes; ses finances, les premières du monde.

Après avoir traversé le règne sanglant de la Convention, les saturnales du Directoire, la brillante et réorganisatrice époque du Consulat, notre pays vit de nouveau le gouvernement monarchique-héréditaire institué dans son sein. Eh bien! marchanda-t-on la liste civile du nouvel empereur, marchanda-t-on les dotations des princes français (*), ou les émolumens fabuleux de l'archi-chancelier, de l'archi-trésorier, du vice-grand-connétable, du vice-grand-électeur et de mille autres fonctionnaires honorifiques?.... Non! on vota sans observation la liste civile et les dotations princières, et cela sans égard pour ce qu'on a appelé ensuite le *domaine extraordinaire*, qui augmentait dans des proportions incommensurables les revenus du chef de l'État, et qu'en bonne et loyale politique, on aurait dû faire entrer dans les caisses publiques.

Mais à cette époque, dira-t-on, le pays était ébloui par la gloire militaire, par de grandes et vastes conquêtes, et, de plus, privé de la liberté de la presse, c'est-à-dire dans l'impossibilité de faire entendre ses remontrances, son blâme ou son approbation.

(*) Liste civile, 25 millions; dotations des princes français (Joseph, Louis et Jérôme Bonaparte), 3 millions. (Loi des finances, 21 février 1805.)

2

Si véritablement ce sont les triomphes homériques de l'Empire et le bâillon de la censure qui ont fait obtenir une si riche dotation à son chef, la France se montrera, sans aucun doute, plus parcimonieuse et plus avare, alors que la discussion sera possible et que les désastres de 1814 l'auront fait descendre de son rang suprême, lui auront fait perdre les additions de territoire dont elle était redevable à vingt batailles mémorables et au sang de deux millions de ses enfans ; alors qu'elle succombe sous le nombre, qu'elle est épuisée d'hommes et d'argent.... Eh bien ! encore une fois, non ; la France ne changeant rien au mode de pouvoir qui remplace l'Empire, ou plutôt, croyant posséder enfin la Monarchie constitu_tionnelle-représentative proclamée par la Constituante, elle applaudit à ses représentans qui, sans crainte de dépasser leur pouvoir et de manquer à la confiance de leurs commettans, votent une liste civile de 25 millions pour le roi et 9 millions de dotations pour les frère et neveux du roi (*). Remarquons en passant, et sans nous y arrêter autrement, que 34 millions, en 1814, représentaient alors, eu égard au luxe qu'entraînent à leur suite les progrès de notre civilisation, plus de 45 millions de ce tems-ci !!!

Cet état de choses a duré jusqu'en 1830, et pas une plainte, avant cette époque, ne s'était fait

---

(*) Loi du 8 novembre 1814.

entendre à ce sujet. Ce n'est pas pour diminuer la liste civile ou les dotations, votées et renouvelées en 1825 sans un mot de critique de l'opposition libérale des Perrier, des Laffitte, des Labbey-de-Pompières, que le peuple a pris les armes les 27, 28 et 29 juillet; de plus grands intérêts fixaient alors les regards des citoyens : c'était pour punir le parjure de Rheims, l'auteur d'ordonnances illé gales et violatrices du pacte fondamental.

Répétons-le donc, puisque quelques hommes, et des plus honorables, semblent l'avoir oublié : la France a préféré en 1830 le gouvernement mo-narchique à tout autre. Ses idées, ses intentions sont les mêmes aujourd'hui, et ce n'est pas cer-tainement quand nous reconnaissons tout le bien-être et la prospérité que ce mode de gouvernement a procurés à notre pays, que nous voudrionsle ren-verser pour édifier à sa place un pouvoir démo-cratique dont nos tems révolutionnaires ont laissé de si déplorables traces dans nos annales; ce n'est pas quand nous venons de contempler les merveilles de notre industrie; quand nous voyons à l'ombre tutélaire de la paix, la France se couvrir de gigan-tesques voies de communication qui doivent dé-cupler sa richesse; ce n'est pas quand nos impor-tations et nos exportations prennent tous les jours un nouvel accroissement; ce n'est pas, enfin, quand nous avons vaincu les factions, que nous voyons la liberté de la tribune et la liberté de la discussion briller au milieu de nous, que nous voudrions, reculant d'un demi-siècle, revenir à une forme de gouvernement reconnue incompatible avec les mœurs, les habitudes et la volonté bien expresse des Français.

La France veut la Monarchie héréditaire-constitutionnelle. Le principe une fois admis, est-il possible, est-il loyal de vouloir en nier les conséquences?

La Monarchie constitutionnelle-héréditaire appelle une seule famille à régner, au détriment de toutes les autres familles. Les droits des membres de la famille régnante sont les mêmes pour tous, sauf le cas de primogéniture, et, en France, l'exclusion perpétuelle des femmes. La Charte de 1830, notre loi fondamentale, trace et fixe les pouvoirs du Roi constitutionel, lui reconnaît la plus haute existence politique de l'État, et lui accorde une liste civile et la jouissance de domaines considérables.

Tous les fils du Roi régnant, toujours sous le principe de la Monarchie constitutionnelle-héréditaire, peuvent, le cas échéant et suivant l'ordre de leur naissance, être appelés au Trône : or, cette éventualité leur donne dans l'État un rang supérieur à tous autres et leur impose une existence en rapport avec les obligations de leur situation politique. Les princes, susceptibles par leur naissance d'être appelés à régner, doivent tenir du pays seul leur haute position et leur fortune; leur existence politique et sociale doit essentiellement être liée à la prospérité et au bonheur des hommes qu'ils sont peut-être destinés à gouverner. Un prince français doit être aussi bien indépendant de ses proches que des étrangers, et son cœur ne doit battre de reconnaissance et de gratitude que pour le pays et les institutions libérales auxquels il doit le rang élevé qui le place au-dessus de tous ses concitoyens. La liste civile du Roi emporte donc et forcément des dotations pour ses fils majeurs; car celle-ci n'est accordée au souverain qu'eu égard à sa position politique; — celui ou ceux qui peuvent être appelés à lui succéder, qui ont rang immédiatement après lui, doivent donc, enchaînés qu'ils sont tous au pied du Trône, liés et retenus qu'ils sont par les mêmes obligations et les mêmes droits, participer des mêmes faveurs et des mêmes avantages.

Tout le monde est d'accord sur l'indispensabilité d'accorder une dotation au prince royal, afin, dit-on, qu'il puisse posséder une existence indépendante du Roi son père; pouvoir étudier , à l'abri d'aucune influence et en possession de toute liberté, les vœux et les besoins moraux et matériels du pays; être à même de recevoir les hommes politiques, les grandes notabilités de la patrie, soit dans les arts, soit dans les sciences , pour les connaître et être connu d'eux lors de son avénement. Ces considérations, majeures et absolues en faveur de la dotation du prince royal, ne sont-elles pas toutes relatives et applicables aux autres fils du Roi ?.

Qui connaît celui auquel la Providence réserve de ceindre le diadême? Le coup fatal qui nous a frappés au cœur le 13 juillet 1842, doit-il être perdu pour notre enseignement?... En ce cas, la prudence la plus élémentaire n'enjoint-elle pas, dans l'ignorance où l'on est de l'avenir, de ne rien négliger pour que tous les enfans du Roi soient aptes à bien gouverner?

Si la dotation allouée au prince royal ne rencontre, parmi les hommes monarchiques, aucune opposition, comment serait-il possible que la même mesure de haute politique en faveur du prince désigné par la loi, sous l'éventualité d'une perte à jamais déplorable pour la France et pour l'Europe même, pour remplir les fonctions de Régent du Royaume, ne réunisse pas l'unanimité des opinions? N'est-il pas essentiel que celui qui peut être Régent pendant un tems plus ou moins long, soit à même d'étudier les vœux et les besoins de sa patrie? Tout ce que l'on a dit et écrit en faveur de la dotation du prince royal n'est-il pas d'une application absolue, forcée, en faveur de la dotation du futur Régent? Son existence ne doit-elle pas être aussi libre et aussi indépendante que celle du prince royal? A qui doit-il donc devoir sa haute position si ce n'est au pays qu'il est peut-être destiné de gouverner un jour? Comment devrait-on qualifier la politique qui reculerait devant l'établissement de la fortune d'un futur Régent, et qui ne reconnaîtrait l'opportunité de s'en occuper qu'alors que placé à la tête des affaires de l'État, se devant tout entier aux plus chers intérêts de son pays, il devra négliger, oublier ces derniers, pour s'occuper de son existence particulière? Aujourd'hui, le sort du futur Régent, de l'aîné des princes français, mérite par sa haute importance d'arrêter au plus tôt les regards des hommes politiques; il est de la dernière gravité que la loi de Régence, si la main fatale du destin décide que nous devions la voir fonctionner parmi nous, jouisse de la plénitude de sa liberté, et que les ressorts qu'elle doit mettre en jeu ne se trouvent entravés par aucune question d'intérêt personnel. Serait-il prudent, sage, habile et prévoyant d'abandonner à l'avenir la solution d'une question aussi simple et aussi importante à la fois? Profitons de la paix dont nous jouissons pour résoudre tous les points de droit constitutionnel qui sont encore à déclarer, et surtout ceux dont l'opportunité ne saurait être mise en doute; efforçons-nous de léguer à nos neveux les institutions de Juillet assises sur des bases solides et consolidées, susceptibles de résister à la colère des partis, autant du moins que cela peut dépendre d'hommes forts ayant la conscience du bien et animés d'un véritable amour patriotique : ainsi le veut la grande politique, la politique d'ordre et de conservation, la politique de suite qui trône heureusement aujourd'hui et qui possède les chaleureuses sympathies de la grande majorité dns Français.

Faire autrement, continuer à refuser des dotations pour les fils puînés du Roi, ne serait-ce pas, aux yeux de la France et de l'Europe, scinder la famille royale en deux catégories distinctes, la partager en élus et en profanes, dotant le Roi et son fils aîné et repoussant les autres? Ne serait-ce pas isoler les princes de leur père et par conséquent de leur pays? Les plus grands intérêts du Roi; les premiers intérêts des princes; les plus chers intérêts de la France, ne sont-ils pas identiques : les uns peuvent-ils se trouver blessés sans que les autres n'essuyent aussitôt un dommage? La démarcation que l'on voudrait maintenir entre le Roi, son fils aîné, d'une part; et les frères de celui-ci, de l'autre, n'est-elle pas impolitique et contre nature? Les cadets ne possèdent-ils pas les mêmes éventualités que les aînés? La dotation du comte de Paris n'implique-t-elle pas des dotations pour les frères de son regrettable père? Car, enfin, les décrets de la Providence ne sont-ils pas aussi inconnus sur le sort de ce royal enfant que sur celui des autres fils du Roi? Qui eut pensé, dix ans avant la mort de Louis XIV, que le duc d'Anjou, non encore né alors, devait lui succéder? En définitive, un lien uniforme, basé sur les mêmes droits et doté des mêmes avantages, des mêmes priviléges, ne doit-il pas réunir, comme en faisceau, tous les princes de la famille royale autour du Trône constitutionnel? Dans ce cas, pourquoi en admettre un seul et ne pas tous les confondre dans la même règle? Les obligations des uns ne sont-elles pas les obligations des autres?...

Quoi! la France a choisi et adopté pour représentans vivans du principe monarchique-héréditaire, les membres de la famille la plus vénérée, la plus digne par son savoir, par ses mœurs, par ses vertus, de commander au peuple le plus brave et le plus généreux de la terre ; la France a accueilli par les plus vives acclamations la décision qui posait la couronne sur la tête du chef de cette famille et qui la rendait héréditaire parmi les siens, et la France, par cette adoption, n'aurait voulu, n'aurait entendu entourer de son amour, de ses faveurs, de ses respects qu'une ou deux personnes, au détriment des autres : elle aurait violemment séparé le père de ses fils, le frère de ses frères ; elle aurait pourvu à la dotation des uns et elle eût voulu, elle eût entendu abandonner les autres à la merci des événemens et aux chances de la spéculation?...

Que dans un gouvernement républicain, les émolumens d'un président soient tout personnels, que sa famille n'y participe en rien, cela se conçoit : c'est un fonctionnaire à tems. Du faîte du pouvoir, il retombe dans l'obscurité de la vie privée. Simple citoyen et maître de sa volonté avant son élévation, il sera encore libre et indépendant après en être descendu. Mais en est-il de même sous une Monarchie héréditaire et constitutionnelle? Les princes d'une dynastie dont l'aîné est sur le Trône, ne se trouvent-ils pas toujours sous l'éventualité de régner? Ne sont-ils pas toujours dans la sujétion et la dépendance de l'État? Mirabeau, définissant

la Monarchie héréditaire, n'a-t-il pas dit : « C'est
» l'oblation d'une famille à la liberté publique. Tout,
» continue-t-il, est libre dans l'État, excepté cette
» famille (1). » Quand un grand pays a arrêté ses
yeux sur une maison pour le gouverner, l'existence
des membres de cette maison ne peut être séparée
de ses plus chers intérêts; c'est pourquoi il est
permis de dire, sans crainte d'être taxé de courti-
sannerie, le principe couservateur de la Monarchie
héréditaire couvrant ici complètement les personnes : « Les princes appartiennent à l'État; ils
» doivent répondre à tous les appels qui s'adressent
» à des sentimens généreux et élevés. Il y a pour
» eux des charges obligées qui sont la conséquence
» de leur position : protecteur des arts, soutien de
» l'infortune, il faut que partout un prince français
» se montre digne de la grande et brillante exis-
» tence que notre société lui a faite (2). »

Ces nobles paroles ne nous dispenseraient-elles
pas de plus amples développemens auprès des
hommes monarchiques qui tiennent consciencieu-
sement au principe qui nous régit, et qui, comme
nous, ne voient de bonheur, de tranquillité, de
prospérité pour la patrie que dans la Monarchie
héréditaire et constitutionnelle? Non! les hommes
conservateurs, qui par là sont les vrais amis de la

---

(1) L'abbé de Mongaillard. *Histoire de France*, tome VIII, page 37.

(2) *Rapport de M. Amilhau*. Chambre des Députés, séance du 15
février 1840.

stabilité, de la liberté et de l'ordre matériel, sans lesquels il n'y a ni progrès, ni amélioration politique ou morale possible, ne peuvent, s'ils veulent rester conséquens avec leurs convictions, refuser des dotations aux princes de la famille royale. Quel serait, en effet, le contre-coup que subiraient nos institutions par cet acte de non-confiance donné aux fils du Roi? Ne serait-ce pas par là déverser sur leur tête un baptême d'incapacité ou d'indignité dans le cas où il plairait à la Providence de les appeler au timon de l'État? Les hommes qui déclareraient à la France que les enfans du Roi sont indignes d'être *princes français*, les dotations par l'État étant essentiellement la consécration de ce titre, pourraient-ils un jour, un de ces princes appelé au Trône, demander au pays une confiance et une fidélité à toute épreuve pour celui qu'ils auraient fait déchoir du haut rang auquel la Révolution de 1830 l'a élevé?

Si donc, en fait, les fils du Roi appartiennent à la France : ils se doivent au pays, à sa gloire, à sa prospérité ; ils sont obligés et enchaînés par l'éventualité qui pèse sur leur tête de se maintenir et de rester au rang qui leur est assigné par la Charte et nos institutions constitutionnelles. Or, si la Charte et nos institutions fixent aux princes un rang à la hauteur duquel l'honneur exige qu'ils se maintiennent, et nous ferons ici un appel à la bonne foi des hommes politiques de tous les pays, n'est-ce pas à celui qui impose l'obligation, c'est-à-dire à la

France, à pourvoir à ce que le prince puisse noblement et royalement soutenir la haute dignité et la position privilégiée qui lui sont assignées par la loi fondamentale?...

Faire le contraire, repousser les dotations pour les fils du Roi, c'est refuser la sanction législative au titre de *prince français;* c'est les éloigner des affaires publiques ; c'est les condamner à l'oisiveté de la vie privée; c'est leur donner un brevet d'indignité vis-à-vis les éventualités de l'avenir; c'est les séparer forcément du Roi; c'est effacer d'un seul trait le mot *famille royale* de notre vocabulaire monarchique; c'est dénier le principe conservateur de la Monarchie constitutionnelle qui rend tous les princes d'une seule famille, sauf le cas de primogéniture, sans limiter seulement le droit au Roi régnant et à son fils aîné, aptes à régner sur nous ; c'est séparer leurs intérêts de ceux du pays avec lesquels ils doivent être indissolubles ; c'est mettre les princes dans l'obligation de rechercher des avantages en dehors de ceux de leur patrie; c'est leur faire prendre en haine les institutions constitutionnelles qu'ils doivent s'habituer à aimer et à vénérer dès leur plus tendre jeunesse; c'est leur faire regarder avec envie la position réservée aux membres des familles royales — absolues ; c'est rendre la France indifférente à leur conduite et à leurs alliances, ce qui ne peut, constitutionnellement et monarchiquement parlant, ni exister, ni se produire; c'est faire descendre le Roi au niveau d'un président de république dont les intérêts sont essentiellement distincts de ceux de sa famille, laquelle, après lui, n'a aucune chance pour arriver à son élévation; c'est, enfin, porter la plus rude atteinte à la stabilité du Gouvernement monarchique - héréditaire en créant des catégories parmi les membres de la seule maison appelée par la Charte à nous donner des rois.

Refuser les dotations aux princes ne peut être, disons-nous donc, qu'un acte d'opposition contre le principe monarchique lui-même, beaucoup plus qu'un acte d'opposition contre les personnes; en effet, n'est-il pas élémentaire que plus il y a d'individualités intéressées au maintien, à la prospérité et à la conservation d'une chose et d'un principe, plus cette chose et ce principe ont de chances pour être stables, prospères et conservés. La Monarchie constitutionnelle-héréditaire ne choisissant ses rois que parmi les membres d'une seule famille, la stabilité du principe monarchique ne peut donc que gagner à proportion que le nombre des membres de cette famille augmente; puisque par là, la stabilité de ce principe groupe autour d'elle un plus grand nombre d'intéressés à son maintien et à sa conservation. Voter les dotations princières, c'est donc augmenter le nombre des intéressés à la stabilité du principe qui nous régit; les refuser, serait l'affaiblir et rendre indifférentes à son avenir parmi nous, les personnes qui, en bonne politique, en politique d'ordre et de conservation, doivent les premières y être attachées, non-seulement par les liens du sang, mais par ceux de la reconnaissance et de la gratitude pour la haute et brillante position dont ils doivent être redevables à leur pays.

Nous insisterons sur ce point, parce qu'il est de la plus haute importance. Les conservateurs dissidens, croyant de bonne foi ne porter aucune atteinte au principe monarchique-héréditaire en repoussant les dotations princières, se laissent égarer par les utopies de l'opposition dynastique. Cette opposition, en refusant de se rallier au Gouvernement dans cette circonstance, manque à sa mission la plus honorable, qui est, dit-elle, la consolidation de la Monarchie constitutionnelle en France. Nous l'avons déjà dit, les fils du Roi, par cela seul qu'ils sont ses enfans, qu'ils forment entr'eux la famille royale, ont tous les mêmes chances d'arriver au Trône· (Qui connaît les dé crets de la Providence !) Donc, les mêmes intérêts à le soutenir, à le défendre soit contre les factions de l'intérieur, soit contre l'agression des étrangers. La dotation des princes par l'État ; afin de ne pas les isoler de lui ; afin de les rendre solidaires avec le pays ; afin de confondre, autant qu'il est humainement possible, les intérêts de ceux-ci avec les intérêts de celui-là ; est une question de principe monarchique, une question sociale, une question d'État, une question de principe constituant, qui ne peut être que dénaturée, que bouleversée de fond en comble par sa métamorphose en question ministérielle ou de cabinet.

Voilà pourquoi l'opposition dynastique n'est ni loyale, ni de bonne foi, et manque aux premières obligations qu'elle a prises à la face du monde, quand elle transforme en question de portefeuilles une mesure qui tient par son essence au principe qui nous régit, et qui domine la question de cabinet de toute la hauteur qui peut se trouver entre les diverses personnes que l'on veut mettre en jeu. Quant aux conservateurs, aux conservateurs dissidens qui veulent la Royauté constituée de manière à pouvoir victorieusement résister à ses ennemis particuliers, qui par là sont les ennemis de la France, ils doivent s'élever au-dessus des petites chicanes des partis; ils doivent puiser dans la confiance qu'ils accordent au principe monarchique-héréditaire, la conviction qui doit faire sanctionner l'acte le plus propre à fixer enfin parmi nous et pour de longues années, vu le nombre des membres de la belle famille sur laquelle repose notre avenir, la Monarchie constitutionnelle rêvée par l'Assemblée-Constituante pour nos pères et si heureusement établie pour nous par la Révolution de Juillet.

Il n'entre pas dans le plan que nous nous sommes proposé de discuter le chiffre auquel devrait être fixée la dotation des membres de la famille royale; toutefois, nous pensons que cinq cent mille francs annuellement pour chaque fils puîné du Roi, et deux cent mille francs de douaire pour leur veuve, se trouveraient en harmonie avec la liste civile

et la dotation du prince royal. Inutile de faire re-
marquer que sous l'Assemblée - Constituante et
sous l'Empire, les chiffres auraient été doublés,
triplés et quadruplés sous la Restauration, et
qu'aujourd'hui, après l'adoption de cette mesure
conservatrice, la liste civile et les dotations des
princes de la Révolution de Juillet seraient encore tous les ans plus de dix-huit millions au-
dessous des revenus que l'État accordait aux rois
de la branche aînée (*).

Réduite aux termes que nous venons de for-
muler, la question des dotations princières par
l'État, partie intrinsèque, inhérente à la Monarchie constitutionnelle-hériditaire, de laquelle elle
ne peut être séparée sans violence et sans per-
turbation, sortira victorieuse de la discussion, et
sera adoptée par la France comme nouvelle consécration de la Royauté de Juillet 1830. Ce sera
un des plus grands et des plus magnifiques actes
législatifs de notre tems : avoir la force d'âme et le
courage de faire le bien de son pays, malgré la
calomnie, la mauvaise foi et les clameurs des

(*) Liste civile de Louis XVIII et dotations des princes de sa famille
(loi du 8 novembre 1814) . . . . 34 m.
Liste civile et dotation du prince royal . . . . 14 ⎱
Dotations des quatre princes, fils puînés du Roi. . . 2 ⎰ 16

Différenee en faveur de la Restauration . . . . 18 m.
auxquels il faut ajouter les revenus du domaine de Rambouillet qui
a été réservé par la loi de 1832.

partis, est le plus beau fleuron qui puisse orner la couronne civique du sage et du grand citoyen!

Maintenant que nous croyons avoir loyalement et victorieusement résolu le point capital, le point suprême de la question : l'inhérence des dotations princières à la Monarchie héréditaire - constitutionnelle, passons à l'examen de l'article 21 de la loi de 1832. La discussion du point secondaire, du point accessoire, ne saurait nous offrir plus de difficultés à vaincre que la première et la plus essentielle partie de ce travail.

II

De l'insuffisance du Domaine privé

et de l'article 21 de la loi du 2 mars 1832.

—

Nous croyons avoir victorieusement démontré combien les dotations princières par l'État sont partie intégrante au principe fondamental de la Monarchie constitutionnelle-héréditaire. Le point de fait se trouve donc résolu et la question ne se réduit plus maintenant qu'à la discussion du point de droit. La loi de 1832, instituant la liste civile, a indiqué la marche à suivre dans cette circonstance.

Toutefois, avant de nous occuper des prescriptions imposées par la loi de 1832, nous reconnaissons comme indispensable, ne voulant éviter dans ce débat aucune des critiques sérieuses adressées à l'application du principe des dotations par l'État, de dire quelques mots relativement à l'acte du 7 août 1830, par lequel le Roi a donné les biens composant son domaine privé à ses enfans puînés et s'en est réservé l'usufruit (*).

Sous l'ancienne Monarchie, il était de principe absolu que les biens du prince, à son avènement au Trône, soient réunis au domaine de l'État; mais si ce principe était juste et convenable quand le Roi pouvait, pour lui et pour les siens, puiser sans contrôle, et suivant ses fantaisies et son bon plaisir, dans le Trésor public qui n'était autre que le *Trésor royal;* si ce principe était juste et convenable à une époque où le Roi pouvait dire : « *L'État, c'est moi !* » serait-il équitable d'en exiger l'application sous la Monarchie constitutionnelle ? Cette mesure a-t-elle

---

(*) Quelques personnes ont confondu les biens apanagers que S. A. R. M. le duc d'Orléans possédait avant la Révolution de Juillet, avec son domaine privé. L'apanage, dans lequel était compris, entre autres, le Palais-Royal, a fait, en 1830, retour au domaine de la Couronne, par conséquent à l'État, et formait avant cette époque la principale et majeure partie de la fortune du duc d'Orléans. Le domaine privé, le prince n'ayant rien eu de la succession de son père, le passif dépassant l'actif d'une somme considérable, et tout le monde sachant aujourd'hui ce qu'il a touché sur l'indemnité des émigrés, du chef de Mme la duchesse de Penthièvre, sa mère, ne peut donc s'élever aux chiffres fabuleux que les adversaires des dotations étalent à nos yeux. (Voir, au reste, l'article du *Moniteur* publié en tête de ce travail.)

dans l'histoire de cette Monarchie des précédens que l'on puisse invoquer en sa faveur?

Sous la Monarchie constitutionnelle, les revenus alloués au Roi par l'État sont fixés par la loi. Ne se pourrait-il pas alors si l'on voulait appliquer rigoureusement la doctrine du gouvernement absolu, c'est-à-dire établir en principe que le prince, à son avènement au Trône, doit faire apport à l'État des biens composant son domaine privé; cette obligation, disons-nous, ne pourrait-elle pas devenir une spoliation manifeste au profit de l'État et au détriment du prince appelé au Trône (1)? En effet, ne serait-il pas possible que la liste civile accordée au nouveau Roi ne soit inférieure aux revenus des domaines privés dont le prince était en possession avant son élévation à la Royauté (2)? Que sous le gouvernement absolu, alors que le Roi faisait seul la loi et fixait seul l'impôt; alors qu'il pouvait prendre et donner comme bon lui semblait, il aurait été absurde, pour ne pas dire impossible, que le Roi possédât un *domaine privé*, puisqu'il administrait à sa guise le *domaine public*; mais, nous le

---

(1) La loi du 2 mars 1832 s'est, en effet, occupée du domaine privé du chef de la maison d'Orléans ; mais n'a rien impliqué pour l'avenir. Ne serait-il pas d'une politique sage et prévoyante de poser définitivement les principes qui doivent, à toujours, régir le domaine privé des rois futurs ?

(2) M. de Ludre n'a-t-il pas proposé (séance de la Chambre des Députés, 12 janvier 1832) une liste civile de quatre millions ? Qu pouvait s'opposer à ce que la majorité n'en vote pas une inférieure ce chiffre?...

répétons, ce principe conséquent avant 1789, peut-il l'être aujourd'hui que l'État fixe et arrête à une somme de .... les revenus de la Royauté? On voudrait appliquer à la Monarchie constitutionnelle, après 1830, les mêmes obligations que celles qui frappaient la Monarchie absolue; on voudrait, sous le règne de la Charte, forcer un prince à réunir, lors de son avènement au Trône, sa fortune particulière au domaine public, et, à côté de cette exigence, on voudrait, par la fixation de la liste civile, pouvoir réduire ce prince, devenu Roi, à une position de fortune inférieure à celle qu'il avait avant d'être élevé à la Royauté! Mais si une telle prétention était admise dans notre droit politique, ne tendrait-elle pas grandement à faire regarder aux membres de la famille royale, comme une obligation onéreuse, l'éventualité qui peut les appeler à régner, et leur avènement à la Couronne ne leur semblerait-il pas un sacrifice considérable? Enfin, ce sacrifice ne pourrait-il pas leur faire avoir en haine des institutions qu'ils doivent aimer, vénérer et consolider par tout le pouvoir dont ils peuvent disposer? Comment! tout est changé en France depuis cinquante années, et les lois qui régissent la Royauté n'auraient seules subi aucune modification?... Non! on ne peut se prévaloir d'un principe constituant de la Monarchie absolue contre l'acte du 7 août. Cet acte est licite sous quelles faces qu'on veuille le considérer. Tout acte semblable est équitable, juste et doit être parfaitement

permis sous le règne de la Monarchie constitutionnelle. Cette forme de gouvernement reconnaît
et permet au Roi de disposer, avant sa mort et par
testament, des domaines privés qu'il aurait acquis
pendant son règne (*), et l'on voudrait que cette loi
permît au Roi un acte qu'elle défendrait au prince
à la veille d'être Roi. Mais une telle interprétation
ne pourrait amener que confusion et lancer le bon
sens des masses dans d'inextricables discussions
sans issues possibles.

Disons-le, car la raison et la saine logique l'ont
dit avant nous, sous la Monarchie héréditaire et
constitutionnelle, la liste civile et les dotations
étant fournies au Roi et aux princes en raison de
leur position publique et politique, et des obligations que leur imposent et la Charte et leur rang
dans notre société, et l'éventualité qui peut appeler
les seconds au Trône; le chiffre soit de la liste
civile, soit des dotations, restant toujours à la dis-
position du pays : le domaine privé, qu'il soit la
possession du Roi régnant ou la possession du
prince appelé au Trône, doit toujours et en tout
tems être séparé du domaine de l'État avec lequel

(*) **Art. 22.** Le Roi conservera les biens qui lui appartenaient avant
son avénement au Trône; ces biens et ceux qu'il acquerra, à titre
gratuit ou onéreux pendant son règne, composeront son domaine
privé.

Art. 23. Le Roi peut disposer de son domaine privé soit par acte
entre vifs, soit par testament.　　　　　(*Loi du 2 mars* 1832.)

il ne pourrait se confondre sans blesser la plus simple notion de la liberté civile et de la justice. C'est donc à tort que l'on veut opposer la donation du 7 août à la raison sociale, à la raison d'État qui parle si haut en faveur des dotations princières.

Nous dirons plus, c'est que tout père de famille aurait fait, en 1830, ce que le Roi a fait en faveur de ses enfans. Qui pouvait alors assurer que la Monarchie constitutionnelle surmonterait les nombreux obstacles que l'on voyait prêts à naître sous ses pas ? N'a-t-elle pas été à deux doigts de sa chute les 5 et 6 juin 1832 ? Qui peut dire ce qui serait survenu si l'attentat de Fieschi n'eût pas échoué ? Enfin, le pays ne doit-il pas la tranquillité dont il jouit à la main vigoureuse qui, depuis quatorze années, tient le timon des affaires ? Il est bien permis à un prince qui, dans sa jeunesse, a été forcé de quitter son pays pour ne pas, comme son père, devenir victime des factions, et qui, dans l'exil, dut donner des leçons de mathématiques (admirable courage dans l'adversité !), de se prémunir, à la veille de monter sur un Trône élevé par une révolution, contre les chances malheureuses qui pouvaient l'accabler, entraîner sa mort, la fuite et la ruine de sa famille.

Au point de vue politique comme au point de vue moral, l'acte du 7 août est donc au-dessus de toute objection ; il y est d'autant plus qu'à l'époque de sa signature, aucun précédent contraire ne se rencontrait dans l'histoire du gouvernement représentatif en France. Le premier consul, lors de l'établissement du régime impérial, ne possédait pas de domaine privé proprement dit; Louis XVIII eut, en 1814, besoin de 30 millions pour payer les dettes qu'il avait contractées à l'étranger; Charles X n'avait pas encore, lors de son avènement, fini de liquider les obligations souscrites pendant son émigration. Bref, un prince appelé au Trône et possédant un domaine privé, ne s'était pas encore rencontré. La chute du pouvoir absolu avait entraîné avec elle toutes les conséquences de ce régime depuis 1789 ; le régime constitutionnel n'avait pas encore fait connaître toutes les siennes. Ce qui a été fait pouvait donc licitement se faire et aucune objection à ce sujet ne peut être formulée nulle part. Si en votant la loi de 1832, les pouvoirs publics ont cru devoir réserver la solution de quelques questions à l'avenir, faisons des vœux pour que, mieux éclairés aujourd'hui sur la haute importance des dotations princières et la possession des domaines privés par des princes appelés au Trône, ils règlent et fixent pour toujours les difficultés que leur ont laissées leurs devanciers.

Mais, revenant aux dotations princières par l'État, auxquelles la digression qui vient de nous occuper se rattache essentiellement, tant l'opposition a dénaturé la portée politique que doit avoir l'acte du 7 août, que dit, en effet, la loi du 2 mars 1832, article 21 : « *En cas d'insuffisance du domaine* » *privé,* les dotations des fils puînés du Roi et des

» princesses, ses filles, seront réglées ultérieu-
» rement par des lois spéciales ? »

Ce serait peut-être à présent et ici le lieu de discuter quelques-uns des chiffres relatifs aux revenus
du domaine privé du Roi, et qui se sont produits
dans la polémique de la presse depuis l'apparition
de l'article du *Moniteur*. Si nous jugeons à propos
de ne parler d'aucun, pensera-t-on que c'est dans
l'impossibilité de pouvoir réfuter l'exagération et
la fausseté de ceux avancés par les adversaires des
dotations princières par l'État, ou dans l'impuissance
de soutenir ceux produits par nos amis politiques?
Grande serait l'erreur! et rien ne nous serait plus
aisé que de démontrer l'absurdité et la méchanceté
des additions que les partis se sont plus à échafauder
les unes sur les autres pour arriver à prouver, à
leur manière, la suffisance du domaine privé et
l'opportunité qu'il y aurait à repousser les dotations en masses.

Nous ne discuterons pas les chiffres produits par
l'opposition et nous ne nous prévaudrons pas de
ceux qui sont vrais, parce qu'il est impossible de
fournir à l'appui, dans un aperçu comme celui-ci,
les preuves matérielles de leur véracité. Nous préférons en référer à la commission de la Chambre
des Députés de 1840, que de nous exposer à pré-
senter des chiffres qu'on nous dira être sans aucune
valeur, avoir été groupés par la fantaisie, et qu'un
seul mot voudra faire évanouir et disparaître.
Quand nous avançons un fait, non-seulement

nous tenons à ce qu'il soit incontestable; mais encore à ce que l'on ne puisse en mettre l'exactitude en suspicion. Nos adversaires sont – ils en mesure de pouvoir en faire autant?... Alors, qu'on nous dise avec quelles preuves l'opposition peut appuyer ses calculs? avec quels documens les a-t-elle établis? Tout ce qu'elle avance au sujet du domaine privé n'est-il pas le produit de son imagination et de ses inventions, de sa haine et de sa déloyauté?... Si cela est, et nous n'en doutons pas, car nous la mettons au défi de fournir à l'appui des chiffres qu'elle a présentés, non pas une preuve, mais une ombre de preuve; nous préférons nous taire que de mettre l'opposition à même de nous adresser de pareils reproches, sans pouvoir, conme elle, matériellement et catégoriquement, démontrer l'exactitude et la légalité de nos dires. Toutefois, plus heureux que nos adversaires, pour nous, comme pour la France, le Gouvernement du Roi a parlé devant la commission de 1840; rien de ce qu'il a dit n'a été démenti; pas une voix dans la Chambre n'a élevé un doute sur la franchise et la loyauté des paroles ministérielles. Qu'avons-nous donc besoin d'additionner et de soustraire pour proclamer la vérité!

Et puis, nous comptons que le bon sens public fera justice de toutes les calomnies, de tous les mensonges que l'esprit de parti s'est plu à accumuler et à répandre, sans autre preuve que d'insidieuses et amères paroles, sur le revenu du domaine

privé. La preuve de *son insuffisance* a été si pé-
remptoirement, si clairement prouvée aux députés
membres de la commission de 1840, qu'un jour
M. le Ministre des finances jugea à propos d'inter-
peller M. Lherbette sur la confiance qu'il accordait
aux pièces et aux chiffres qui avaient été produits
relativement au revenu du domaine privé du Roi.
Eh bien! cet honorable député, si difficile à con-
vaincre, ne put s'empêcher de répondre : « Oui,
» j'ai confiance dans les chiffres qui nous ont été
» présentés (*). »

Que reste-t-il à dire après un semblable aveu
sorti publiquement de la bouche d'un membre de
l'opposition dans la commission de 1840?... Si ce
n'est que battue par la lettre et par l'esprit de la loi
de 1832 qui prévoit l'insuffisance du domaine privé,
et, cette insuffisance étant démontrée, l'opposition
ne se trouve pas être plus heureuse sur la question
accessoire que sur la question principale; sur la
difficulté soulevée par la loi de 1832 que sur la
question monarchique, sur la question d'État.

Il est sans doute malheureux, il ne faut pas se le
dissimuler, que le législateur de 1832 n'ait pas cru
devoir régler, avec la liste civile, les dotations à
fournir aux membres de la famille royale à l'époque
de leur majorité. Mais serait-ce une raison pour ne

(*) Séance de la Chambre des Députés; *Moniteur universel* du 16
février 1840, dixième colonne, ligne 37.

pas oser résoudre aujourd'hui un problème qui aurait pu l'être, sans discussion grave à la vérité, et que l'on a jugé à propos de laisser en suspens? Ne faudrait-il pas, au contraire, se réjouir de pouvoir en ce moment consacrer le principe sans regret, sans crainte de l'avenir, sans arrière-pensée et surtout avec connaissance de cause? Je m'explique. Les dotations votées avec la liste civile n'eussent appliqué que le principe, et nous croyons avoir suffisamment démontré son indissolubilité, son inséparabilité de la Monarchie héréditaire. En 1832, on eût voté en dehors des personnes, sans connaître les qualités qui devaient les faire distinguer un jour, sans savoir si la France aurait à se louer ou à regretter l'adoption du principe monarchique-héréditaire. Aujourd'hui, le pays connaît les princes, l'armée les a vus et les voit tous les jours à l'œuvre, partageant ses travaux, ses privations et sa gloire, sur cette terre d'Algérie *désormais et pour toujours française* (*); tous, nous savons ce qu'ils valent, ce qu'ils promettent, ce qu'ils tiendraient si l'indépendance du Royaume était compromise et menacée. Disons-le hautement, et quel homme franchement conservateur ne partagera pas notre opinion : si le principe des dotations princières n'existait pas, il serait d'une sage et prévoyante politique de le déclarer, vu la force et

---

(*) Discours du Roi à l'ouverture de la session de 1842.

l'homogénéité qu'il a la vertu de procurer à la stabilité du Trône constitutionnel. Heureusement, un tel effort ne sera pas nécessaire, car ce principe tutélaire de l'ordre et de la paix publique a pour lui la consécration du passé, les liens inhérens à la Monarchie constitutionnelle – héréditaire qui ne peuvent être déniés ou méconnus, et la loi de 1832. Enfin, poussant la question dans ses dernières limites, si l'article 21 de la loi du 2 mars 1832 paraissait offrir encore quelqu'obscurité à même de s'opposer à l'adoption des dotations princières, pourquoi la législature ne serait-elle pas appelée, par son interprétation, à lever tous les doutes, à tranquilliser toutes les consciences?... Les pouvoirs publics n'ont-ils pas toute puissance pour voter et réformer les lois!!!

Tout se réunit donc dans ce moment pour que la question des dotations par l'État, si longtems dénaturée et controversée par les partis, obtienne une solution définitive; en effet, si l'opportunité d'une sanction législative s'est jamais rencontrée dans les fastes de notre histoire constitutionnelle, les dotations princières peuvent à bon droit réclamer la priorité sur aucuns des grands actes politiques votés depuis 1830. Aujourd'hui, la question, débarrassée de tout l'échafaudage de paradoxes et de sophismes que la verve de Timon s'était plû à l'entourer, ne rencontrera qu'une opposition systématique à bout de raisonnemens et de raison. Les pouvoirs publics comprendront la haute mission dont ils seront chargés, et consolideront par leur vote les bases de l'édifice politique et constitutionnel fondé par la Révolution de Juillet. Reculer et renvoyer à une autre année la sanction des dotations princières, serait faiblir devant les partis et abdiquer un pouvoir dont on a depuis quatre ans si honorablement et si heureusement usé pour la prospérité de la France et la tranquillité de l'Europe.

Après avoir passé en revue la question des dotations princières sous les diverses faces qui souvent ont préoccupé l'opposition, et celle-ci se trouvant battue sur tous les points, nos adversaires se réfugieraient-ils sur un terrain que leur interdit les convenances et nos habitudes parlementaires? Ne pouvant attaquer avec quelque succès probable, ni le principe, ni le droit, oseraient-ils s'attaquer aux personnes?... Que pourraient-ils donc dire! Les fils du Roi n'ont, dans aucun cas, dans aucune circonstance, fait défaut à l'appel du pays; partout, on les a vus ce qu'ils sont : dévoués à notre commune patrie et à nos institutions constitutionnelles, prêts à se sacrifier pour ses moindres intérêts, pour son bonheur, pour sa prospérité. Quelle famille a jamais donné plus de preuves de son amour pour la France, de son attachement pour ses libertés publiques! Et c'est après quatorze années d'un règne que la postérité reconnaissante mettra bien au-dessus de ceux des conquérans, grands dévastateurs du monde, que la France refuserait de donner au Roi la preuve de la satisfaction qu'elle éprouve d'avoir placé la couronne sur sa tête et de l'avoir rendue héréditaire dans sa famille (*). Que l'on ne s'y trompe pas, refuser les dotations aux princes, c'est un acte qui entraîne, aujourd'hui que ce sont des hommes, une critique de leur conduite, un regret de les contempler sur les marches du Trône, une crainte de les voir en possession de l'éventualité qui peut, dans l'avenir, mettre le timon de l'État entre leurs mains. Au lieu qu'en allouant des dotations sur l'État, le pays approuve et con-sacre de nouveau les conséquences du sang versé en 1830; aujourd'hui, en dotant les fils du Roi, on reconnaît, on proclame de nouveau, et, comme nous le disions plus haut, avec connaissance de cause, le principe monarchique-héréditaire dans la maison d'Orléans sans exclusion d'aucun, sauf la primogéniture de mâle en mâle.

Aimons à penser que cela sera ainsi. Nous avons la plus grande confiance dans les lumières et le patriotisme intelligent du parti conservateur; aussi ne ressentons-nous pas la moindre crainte pour le résultat définitif. Si une fois il s'est divisé sans s'ex-pliquer, s'il a été battu sans combattre, pareil et aussi pénible spectacle ne se produira plus. Le parti

---

(*) Pour être équitable et juste envers tout le monde, M. Lherbette, qui fait à tout propos un grand éloge de l'Empereur et des rois qui l'ont suivi, devrait nous dire ce qui reste aujourd'hui à la France de leur riche dotation, et si jamais aucun souverain constitutionnel a créé avec sa liste civile quelque chose d'équivalent au musée de Versailles !...

conservateur est trop versé dans la science politique, il sait trop bien que les institutions et les gouvernemens se consolident avec de bonnes lois et avec le tems, mais qu'on ne les fait pas avec des mots et des demi-mesures, pour se diviser sur une question aussi importante. Il a pu, une fois, laisser surprendre sa religion par des sophismes et des calomnies ; mais il se ressouviendra au moment décisif, que tout se tient et s'enchaîne dans un système politique, et que la moindre des conséquences ne peut être négligée sans mettre en doute la sûreté de l'œuvre : à plus forte raison, la stabilité du régime monarchique - héréditaire serait - elle compromise par le rejet d'une mesure qui est inhérente à la base et au développement régulier de ce principe conservateur. Qui veut la fin, veut les moyens, a dit la sagesse des nations : or, si les Français préfèrent à tout autre le gouvernement monarchique-héréditaire, ils veulent un roi et une famille royale, donc une liste civile et des dotations princières. Refuser celles-ci après avoir reconnu la justice et les droits de la première, ce serait vouloir mettre de nouveau en question la base de notre pouvoir exécutif ; — et, nous le répétons, les membres du parti conservateur sont animés de sentimens trop patriotiques pour, à la légère, pousser leur pays à une extrémité semblable.

III

Résumé.

—

Nous n'avons pas la prétention d'avoir produit dans ce qui précède tous les argumens qui existent en faveur des dotations princières par l'État. Nous en avons négligé et des plus importans, nous le savons. Si nous n'avons rien dit, entr'autres, du placement avantageux que ferait le budget en faveur des industries de luxe, des arts et surtout des infortunés, en mettant les princes à même de suivre les généreuses impulsions de leur cœur, c'est que nous sommes convaincus que le lecteur n'aura recherché dans ce court et incomplet travail que quelques vues générales dont la vérité et l'éclat ont été obscurcis par les sophismes haineux et les calomnies de l'esprit de parti, et non la discussion complète et épuisée d'une matière qui se rattache par son essence aux questions les plus graves et les plus élevées de notre droit constitutionnel.

Arrivé à la fin de la tâche que nous nous sommes imposée, que faut-il conclure du rapide aperçu que nous venons de tracer et que doit-il en résulter pour tout homme de bonne foi désirant un gouvernement stable, à l'abri des secousses et des perturbations qui ont marqué les soixante dernières années que nous venons de traverser?...

N'est-il pas sans réplique que depuis la chute du pouvoir absolu et l'inauguration du régime constitutionnel (1791), la France a reconnu en fait et en droit, et comme inaliénables et inséparables à la forme de son gouvernement, une liste civile pour le Roi et des dotations pour les membres de la famille royale;

Que ce principe fut de nouveau consacré sous l'Empire (1805), et définitivement reconnu au retour de Louis XVIII (1814) et à l'avènement de Charles X (1824);

Que la Révolution de Juillet, en fondant et en établissant une nouvelle Dynastie, n'a rien entendu innover, quant aux principes inhérens à la Monarchie constitutionnelle, relativement à la liste civile et aux dotations princières;

Que la dotation fournie à M. le duc d'Orléans a de nouveau consacré le principe et a donné malheureusement la preuve (les décrets de Dieu étant impénétrables!) qu'aucun des fils du Roi n'est plus assuré de régner l'un que l'autre. Qu'ils ont tous les mêmes droits, sauf le cas de primogéniture; qu'ils doivent donc avoir les mêmes avantages, les mêmes priviléges;

Que la conservation et la stabilité du principe monarchique-héréditaire ne tendent qu'à se fortifier par l'augmentation du nombre des membres de la famille royale, et que ceux-ci doivent être les premiers intéressés au maintien de la Monarchie constitutionnelle, autant par les liens du sang que par gratitude et reconnaissance envers le pays;

Que les plus élémentaires notions de la politique exigent, si on veut que les princes de la famille royale aiment et vénèrent nos institutions libérales et n'aient rien à envier aux Monarchies absolues, que le pays constitutionnel leur alloue des dotations qui les mettent à même de pouvoir noblement occuper le haut rang qui leur est assigné par la Charte dans l'État et les éloignent à jamais des chances de la spéculation;

Que la donation faite par le Roi de son domaine privé, le 7 août 1830, était parfaitement licite, et que l'on ne peut invoquer sous aucun prétexte, contre cet acte, l'un des principes constituans de la

Monarchie absolue : le régime constitutionnel et représentatif ayant changé de fond en comble la position du chef de l'État ;

Que sous la Monarchie représentative, il ne serait ni juste, ni équitable que l'État exigeât, d'un côté, que le prince appelé au Trône lui abandonnât tous ses biens, et se réservât, de l'autre, le pouvoir de lui faire et lui imposer, par la fixation de la liste civile, une position inférieure à celle qu'il avait avant d'être élevé à la Royauté ;

Que c'est donc à tort que l'on veut se prévaloir contre les dotations princières, qui doivent être instituées par raison d'État et comme principe conservateur de la Monarchie héréditaire, de la fortune particulière des membres de la famille royale ;

Au surplus, que la loi de 1832 a positivement déclaré, les enfans du Roi étant alors mineurs, qu'*en cas d'insuffisance du domaine privé*, des lois spéciales stipuleraient des dotations à fournir aux princes lors de leur établissement ;

Que l'insuffisance du domaine privé a été surabondamment démontrée devant la commission de la Chambre des Députés en 1840 ;

Que, quels que soient les chiffres, les pièces et les documens présentés afin de prouver la situation exacte du domaine privé, les oppositions déloyales et de mauvaise foi pourront toujours dire : « *On* » *nous cache quelque chose !* » bien décidées qu'elles sont de ne jamais reconnaître la vérité ;

Que l'opposition dynastique manque à son programme et au but qu'elle se propose, dit-elle, la consolidation de la Monarchie constitutionnelle-héréditaire, en transformant une question de principe, une question d'État, en une chicane de portefeuilles et de cabinet;

Que jamais la sanction législative d'un grand acte politique n'a été provoquée, depuis 1830, avec plus d'opportunité que ne le serait, aujourd'hui que le pays connaît et a été à même d'apprécier les princes, fils du Roi, la consécration et la fixation des dotations princières par l'État;

Que les conservateurs qui veulent la Royauté forte et respectée, doivent surtout cimenter le plus possible les intérêts de tous les membres de la famille royale avec les intérêts de l'État : négliger de les rendre solidaires les uns avec les autres, ne serait-ce pas, au lieu d'affermir le principe monarchique, lui ménager des divisions et amener par conséquent des troubles dont le pays serait la première victime;

Enfin, que les dotations sont dues en droit et en fait, vu les obligations publiques et politiques imposées aux princes par la Charte et nos lois libérales; qu'elles ne peuvent être combattues et repoussées que par les ennemis du pacte fondamental de 1830, de nos institutions constitutionnelles et de la Dynastie qui règne sur nous, et qui, depuis quatorze ans, n'a cessé de travailler à la gloire, à la prospérité et au bonheur du peuple français.

Le Gouvernement du Roi a dit : « Que la France » le sache ! » — Eh bien ! oui, la France le saura, et elle consacrera par la dotation des princes, la durée et la stabilité de la race d'Orléans sur le Trône fondé par la Révolution de Juillet, la plus juste et la plus légitime qui se soit produite jusqu'à présent dans les fastes du monde !

Arras : Imprimerie d'Aug. TIERNY, rue Ernestale, nº 292.